JN412549

밤은 너무 많거나 너무 적어

염민숙 시집

상상인 기획시선 9

발목은 꽃보다 외로워 가시 사이를 돈다

모퉁이 하나를 돌았다는 건 꽃 한 송이를 보냈다는 것

시인의 말

저어새가

갯바닥을 젓듯

문장의 바닥을 저었다

때로

칠성장어 같은 문장 하나를

건졌다

⠿ 차례

2부
건반과 건반 사이에 오래 누워

3부
길이 하나였다면 4월이 더 쉬웠을까

4부

그녀를 뒤돌아보는 동안 하루가 지났다

1부

새는 발효된 그 밤을 자꾸 물어와

뱀과 침대

길을 다 건너지 못한 뱀처럼 한 사람이 침대를 건너가고 있다
길을 가다 뱀에 물리는 일과 첫사랑을 만나게 되는 일 중 어느 쪽 확률이 더 높을까
한 사람이 가슴을 지그시 누르며 침대를 건너가자

향이 다른 침대가 되었다
낯선 거리의 향이 이불에 스며 있다
이불에 체취를 남기는 사람은 얼마나 많은 침대를 넘어왔을까
낯선 향을 악물고 놓지 않는 이불을 들고 뒤돌아보면

사라지는 꼬리가 침대로 스며든다
뱀이 바위 틈새로 스며드는 것처럼 사랑을 집어삼키고
집어삼킨 사랑이 삭을 때까지 바위와 침대 사이에서
들어간 굴에서 쇠잔한 사랑을 계산한다

땅속에 알을 낳고 가버리는 뱀의 양식

긴 꿈을 묻었지만 깨어나지 않는 침대의 미래

길을 다 건너지 못한 뱀처럼 한 사람이 침대를 건너
가고 있다
허물을 벗듯 침대를 버리는 일과 침대에 누우면 허물
이 나오는 사람을 버리는 일 중
어느 쪽 확률이 더 높을까
길을 가다 뱀에 물리면 물린 자리를 도려내고

오래도록 피를 닦아야 했다

루페

엄지손톱만 한 시계를 들고 군청 앞 금은방에 간다

어떤 시계도 고친다는 시계 장인이 루페를 끼고 시계를 연다
태엽을 감다가 풀다가 송풍기로 먼지를 불기도 한다

스마일크랩의 집게발을 닮은 장인의 손가락이 부품을 집는다

부품을 핀셋으로 하나하나 들어내 오일 실린더에 넣는다
약속 시간을 몇 번이나 어기게 한 시계 부품이 기름에 씻긴다
끊어진 태엽을 수리하여 다시 조립한다

약속을 어겼어도 자꾸 건드리고 싶은 시계다
작은 심장이 내는 숨소리를 들어보고 싶은 시계다
순간 쳐드는 집게발에 손가락을 물리고도 게를 키우는 기분이라고 하면
〈

사랑은 게 구멍이다

물이 차오르기 전에 열 개의 발을 다 사용하여 숨 쉴
구멍을 파야 한다

그것이 심장이 된다

루페를 끼고 작은 심장들을 들여다본다

큰 톱니바퀴에 작은 톱니바퀴가 맞물려 돌아간다

운명은 그런 것이다

큰 손톱에 작은 손톱이 닿는

시계를 차고 약속 장소로 간다

죽었지만 다시 살리는 기술

킹크랩

킹크랩을 찜솥에 넣었다
물이 끓기 시작하자 뚜껑을 열려고 들썩이는 다리들
알래스카산 킹크랩은 얼음보다 뜨거움에 반응한다

수도세가 터무니없이 나온다고 세입자들이 들썩였다
수도꼭지를 다 잠가도 계량기가 돌아갔다 셋집 끝방
문은 잠겨 있었다
보일러실 문을 따자 물 새는 소리를 들으며 백골의
청년이 구석에 서 있었다

그는 회사도 그만두고 엄마 병간호에 잠겨 들었다
엄마의 죽음은 가늘고 길었다 가끔 오던 누나도 발
길을 끊었다
문 앞에 청년이 나앉으면 얼굴에 해를 바르고도 깊은
물에 내려간 사람 같았다

킹크랩이 익는 동안 고독의 온도를 생각했다
작은 창문에서 바라본 담장과 시멘트 마당을 오리털
점퍼를 입고
벽을 넘어간 그 시간의 온도를

〈

차가운 베링해협을 지나가고 있을지 모른다
보일러실 물소리를 따라 껍질 속에 살을 채워 넣으며
해류를 따라 나아가고 있을지 모른다

검은 닭

나는 닭을 찾고 있다 검은 닭이다

달콤하고 불안한 체리를 쪼아 먹다가 사라져버린 검
은 닭을 찾아 숲을 기웃거린다
저 숲에 검은 닭이 있을까
검은 닭은 없고 검은 산비둘기나 검은 뻐꾸기만 있는
건 아닐까

독수린지 닭인지 모를 검은 것이 싸이클로이드 곡선
으로 날아와 지붕을 스쳐 간다
직선보다 싸이클로이드 곡선이 더 빠르다는 걸 체득
한 독수리처럼
집으로 오는 길을 찾지 않고 검은 닭은 점점 더 멀리
집을 떠나갔다

먹이를 찾아 검은 닭이 다니는 건 아니다
꽃을 따러 가는 아이처럼 언덕으로 올라가거나 개울
을 따라 내려간다
흰 닭 붉은 닭을 떠나 검은 닭은 저와 같은 검은색을
찾아다니는 걸까

〈

검은 닭은 검은 날개의 위력을 모르는 모양이다

보호막이 없으면 더 잘 뛰거나 더 잘 숨어야 하는 걸
모르는 모양이다

불안하고 달콤한 체리를 먹다가 검은 닭이 생각나
찾으러 나간다

언덕 위에 검은 닭의 깃털이 빠져 있다

이름을 부르자 길 없이 조용한 숲이다 꽃 없이 검은
숲이다

유리 전시관에서

사랑이 보인다는 말을 믿어요
유리 화병의 유리꽃이 피어나고 있어요
속이 보이지 않는 유리는 믿기지 않아요
유리라는 믿음을 깨니까요

치솟은 파도가 멈춰 있어요
솟구쳐 올라온 채 숨을 삼킨 파도예요
변함없이 변하는 물의 몸짓이 담겼어요
물이 물을 밀어 올리느라 근육이 생겼네요
당신 등처럼 질긴 근육이죠

그릇을 빛내는 빛을 믿어요
내 손을 잡은 당신은 위험해요
물론 전해지는 온기를 믿어요
우리는 줄곧 유리를 따라다녀요

당신 얼굴이 분홍 그릇처럼 내가 유리꽃처럼
지난밤에도 나를 향해 빛났죠
우리는 서로 반사를 멈추지 않을 거예요
불을 지난 얼굴을 마주할 테니까요

〈
사랑이 보인다는 말을 믿지 않아요
흩어져 사라진다는 말을 믿어요
흩어져 사라질 때 반짝임은 선율이 되죠
빛나는 사랑이 완성되는 순간이죠

페스츄리 만들기

날이 차가우면 페스츄리를 만들어요
차가운 볼에 차가운 물을 준비해요
찬물이라야 반죽을 지킬 수 있어요

찬 밀가루를 개요
차가운 버터를 넣고 차가운 밀대로 밀어요
늘린 반죽을 접어 다시 늘려요
네 번이 여덟 번이 되는 여덟 번이 열여섯 번이 되는
배수의 힘

차가움은 겹겹의 믿음이 되고 늘어난 겹은 혀에 감기
는 신뢰가 되고

페스츄리는 차가움을 유지하는 관계죠
차가움 한 겹 한 겹 떼는 가스라이팅 견딜 수 있나요
지난날이 다시 달라붙게 하는 달콤한 혀를 어떻게 떼
내야 하나요

페스츄리 생지에 저민 사과를 얹어요
시나몬을 뿌리고 잘 여며요

여미지 못해 흐르는 사랑은 불편해요
반복되는 무늬는 앞뒤가 같은 포크로 새겨요
잃어버린 날을 표면에 바른 다음 오븐에 넣어요
불에 들어가야 빵이 되고 마음이 돼요
누구든 구워지지 않으면 새로 사랑하지 못해요

사랑을 여러 겹 두르면 우리 사랑은 두툼해져요
부서진 사랑 몇 개쯤은 털어버려도 괜찮아요
페스츄리 사랑이에요

양철 방패

우리는 덕트를 만들었어요 양철판을 자르고 붙여 주
방의 숨구멍을 만들어요
중화요릿집 주방에 덕트를 설치하고 한 달에 한 번은
짜장면을 먹어요

시위대를 향한 총소리 뒤부터 우리는 덕트를 만들지
않아요
납작해진 양철처럼 학생들이 길바닥에 널브러져 있어요
비포장도로 움푹한 곳마다 피가 고였어요

소식마다 피가 고여 피를 보지 않으려 셔터를 내려요
군화 소리가 들리지 않으면 밥을 먹고 잠을 자요 먼
산 위로 검은 연기가 올라가요
손이 떨려 나무망치를 잡고 있어요 셔터 구멍 사이로
햇살이 들어와요

교복 한번 입어보지 못하고 가위를 잡았지만 괜찮았
어요
재단선을 따라 양철을 자르며 배우는 길은 여러 갈래
라는 걸 알았으니까요

자르고 연결하면 옷이 되는 옷감처럼 양철의 변신을
배워요
　평면을 일으켜 구조가 되게 하는 일이니까요

　바닥에 뒹구는 양철 조각을 모아 이어 붙여요
　조각보처럼 양철 조각들을 모아 방패를 만들었어요
　나무망치로 두드려 양철 방패를 만들어요
　방패에 아들 잃은 반장님의 통곡을 새겨요
　담 너머 새들 울음을 담아 걸어 두었어요

　밤마다 소방차가 물을 뿌려 거리를 청소해요
　핏자국이 없어 아침 거리는 밤같이 고요해요
　우리는 계속 방패를 만들어요

　양철을 움직일 때마다 쓰고 남은 양철 조각이 번쩍거
려요

이인삼각

내 오른발과 당신 왼발을 묶었어요

둘이 이십 미터를 뛰어 반환점을 돌아오는 시합이죠
같이 출발한 저쪽 편이 앞서가네요
팔짱을 낀 당신이 나를 끌다 넘어졌어요
구경꾼들이 웃음을 터트려요
나는 진땀이 나는데 당신은 진짜 웃어요

다리 셋이 달려요
이인삼각 달리기는 샴쌍둥이의 고충을 알게 해요
몸 하나에 다리 둘이 맞는 거죠
몸 둘에 다리 셋은 많거나 적어요
한 몸이 된 이 시합에서 우리는 두 마음이 돼요

세 개의 마음이 돼요
한 몸에 든 마음 셋은 어떻게 박자를 맞출지
어디쯤에서 끈을 자르고 나갈지를 궁리해요
다리 셋을 나눠 가진 마음들의 손가락이 움직여요
손가락이 가리키는 데가 같은 지점이라고 할 수 있
나요

〈

함께 돌아와 서로에게 묻은 흙을 털어주어요
무릎이 아프지만 다리가 묶인 사람들은
언제나 다시 돌아오는 시합을 해요
내일은 내 왼발과 당신 오른손을 묶어볼까요

안개

나는 안개를 키운다 눈 뜨면 물 주고 물 먹다 물 주고 잘 때도 물 주고

당신도 안개를 기른다 꽃잎으로 피어나는 안개가 좋아 입김으로 떠오르는 안개가 좋아 당신은 안개 얼굴을 만든다

우리가 만나면 안개는 섞인다 아니 섞이지 않고 맴돈다 맴돌면 세계의 한 귀퉁이가 사라져 바스러져

열린 대문이 계속해서 안개를 만들어내니까 끝없이 열리는 대문은 끝없이 달려도 끝나지 않는 벌판이라서 눈 뜨고 자게 해 불 켜고 자게 해

나는 보일러를 끈다 보일러를 꺼도 안개가 사라지지 않아 사라지지 않는 안개는 뜨거워져 돌보다 단단해져 당신이 던지는 안개를 피해 달아나는 풍경들

안개는 어떻게 아무런 자국 없이 한 사람을 여러 개로 깨트리는 걸까 어떻게 아무런 자국 없이 마주한 얼

굴을 사라지게 하는 걸까

　젖은 머리로 풍경을 물들이는 당신 어떤 눈동자로 어
떤 꽃 한 다발로 물들였기에 나는 뜨거워지는지 빨갛게
세계의 한 귀퉁이를 태우는 당신

　이제 세계는 안개 대신 불을 키운다

수혈

자꾸 어지러워요 내 얼굴이 몹시 창백하다고 친구가
말해요 변기 속을 살피라고 해요 새하얀 변기는 무언가
를 찾기에 최적화되어 있으니까요 위장을 지나온 색다
른 색깔을 정직한 변기가 알려줄까요

함께 따먹은 산수유 때문일까요 시디신 산수유 길 생
각하면 침이 고이죠 우리 사랑은 산수유로 익어가나요
꽃피우려다 밟히는 중인가요 눈밭 산수유같이 선명한
사랑을 그리다 우리는 죽는 건가요

참을성이 많은 나는 괜찮다고 해요 참다 보면 어지
러움도 안전하게 익어가죠 수혈을 받아야 산다고 의사
는 말해요 변기 속이 검은 나는 남의 피가 싫다고 해요
어느 색을 감춘 피인지 모르잖아요

침상에 누워 수혈을 받아요 피를 받지 않으면 살 수
없다니 피를 받아요
사랑도 남의 피를 수혈받는 거잖아요 받지 않았으면
산수유 길이 시작되질 않았겠죠
〈

우리는 흰 길을 수혈받았어요 흰 길은 눈에 띄지 않
는 창백한 길이죠

창백한 길을 가다 보면 창백한 사람이 보이고 창백
한 사랑이 보여요 흰 손이 흰 손을 잡으면 오래 서 있
을 수 있어요

밀회 1

당신은 가시 사이에서 꿀을 따는 새들을 알죠 선인
장에 꽃이 피면 새들이 온다는 걸 알죠

꽃나무는 꽃을 피워 제 존재감을 알리잖아요 사람은
누군가를 사랑하여 자기를 알려요 가시를 비집고 들어
가 또 다른 사랑이 피는 거죠

영화를 보고 여행을 갈 때 우리는 우리만 보느라 남
을 못 봐요 떨어져 있을 때가 더 신선한 우리는 우유를
마셔요 상하거나 발효되거나 우유는 사랑에 가까워요

거짓말이 숙성되는 동안 당신은 향기를 키우고 나는
귀에 부어지는 꿀맛에 잠겨요 볼비빔의 밤이 숙성실 치
즈 덩이처럼 쌓여가요 당신을 찾는 벨 소리에 맨발의
밤은 완성되지 못하고 자주 잘려요

누군가 사진을 남겼을 때 우리는 어떤 종이였을까요
구긴 자국 선명한 종이처럼 사랑도 펴기 어려우니까요
꽃보다 먼저 밟힌 사진은 거북해요 실제보다 실체를 실
감 나게 밝혀주니까요

〈

　새는 발효된 그 밤을 자꾸 물어와요 살냄새 나는 밤
을 물어와 쌓아요

　매섭다가 뜨거워지는 나무 사이를 지나느라 당신 눈
이 떨어요 봄밤을 지나 여름밤이 가도록 멈추지 않는
떨림에 우리는 사랑을 버려요

　태양의 열기 속을 서성이는 선인장 아래 모두 쏟아버
려요 밤이 오기 전 숙성실을 빠져나와요

밀회 2

계절이 하나뿐인 나라에 갔다 골든샤워트리꽃이 피어 있다 오래된 거리를 환기하는 노란색이다 쏟아질 듯 늘어진 꽃 안에 벌이 들어 있다 코코넛 주스를 마시며 운하 곁에 앉아 있었다 계절이 여럿인 나라가 더 쉬웠다고 몸을 가릴 소품이 많았다고 속삭인다

오래된 감각을 환기하는 사이였을까 우리는 서로 구원이었을까 몸을 넘어 영혼까지 적시는 구원을 바랐던 것일까 우리 얼굴의 반은 선글라스인 것처럼 몸과 영혼 중 무엇의 구원을 바랐던 것일까

나른한 호기심을 실은 여객선이 운하를 돌아 나간다 배 지나가면 여전히 평평한 물처럼 우리는 흘러간다 쏠리는 줄 알았는데 시간이 갈수록 수평이 되었다 기울어지지 않아서 한쪽으로 더 당겨지지 않아서 떠가는 배처럼 우리는 흐른다

선착장에 내린 사람들이 옛 건물 앞에서 사진을 찍는다 가이드를 따라 독립기념광장을 돌아본다 화려했던 건축물은 옛것이 되어버렸고 새로 찍은 사진들도 옛것

이 될 것이다

　겨울로 돌아가면 골든샤워트리꽃 핀 날은 눈 아래
덮일 것이다 공항에서 여름옷 위에 점퍼를 껴입는 순간
한 계절은 다른 계절 위에 포개진다 사랑 위에 사랑은
포개지고 날아간다

2부

건반과 건반 사이에서 오래 누워

푸른 밧줄

당신들이 싸우던 날에
벼랑을 오르는 꿈을 꾸었다
낭떠러지 끝에서 오줌을 지렸다
밧줄에 묶인 듯 집을 지키느라
어머니는 울지도 않고 일을 했다
싸움이 커져서 굴뚝 뒤에 숨은 날은
할머니의 꿈속까지 기어오르다가
잠결에 차가운 마루로 쫓겨났다
어머니 눈에 밧줄 자국이 남고
집안이 말없이 퍼레졌다
솜저고리 안에 찬찬히 누벼놓은
날개를 펴고 순간 날아갈까 봐
당신의 치맛자락에 고치를 틀었다
발자국 소리 따라 선잠 문턱을 서성였다
바지랑대 빨랫줄에 솜이불이 널린 날
챙이를 쓰고 옆집으로 소금을 얻으러 갔다
아주머니가 부지깽이로 챙이를 두드리며
아나 소금, 아나 소금,

소금을 뿌려대면 낮에도 벼랑이 보였다

* 챙이: 키. 곡식 따위를 까불러 쭉정이나 티끌을 골라내는 도구의
방언.

초록색 앵무새가 사는 방

나는 새를 분별하는 사람
가방을 던지고 앵무새를 꺼내 횃대에 올려요

해바라기 씨앗 껍질을 벗겨서 먹어요
우린 피 대신 씨를 먹어요
우리 양식은 씨앗이죠, 모래죠
괜찮아, 괜찮아 소금 맛 모래를 먹으며 앵무새가 말
해요

앵무새는 귀가 깊어
귓속으로 들어간 죄는 모두 초록색 깃털이 됩니다
앵무새를 앵무새로 인정하는 봉인식은 하지 않아요
눈을 흘기지도 않고 고개를 주억거리며 맞장구만 치
니까요
내가 잘 때까지 눈을 깜박이며 한편이 되니까요

새가 사는 배경을 밝히는 나와
새가 죽는 배경을 밝히는 엄마
이제 우리 서로 눈을 닦기로 해요 귀를 닦기로 해요
〈

방문을 열고 앵무새를 날려도
초록 깃은 죄를 가려주지 않아요 죄 사함은 없어요
붉은 죄를 내밀었으니 붉은 피를 내놓으라지만
초록 앵무새는 붉은 피가 없어요

나는 죄를 분별하는 사람
횃대를 치우며 괜찮다는 앵무새를 가둬요
피가 엉기지 않는 곳을 그리며 껍질을 뱉어요
내 편 없이 캄캄한 방에 죄를 쌓아요

애도

손톱에 방울을 답시다
고양이 목에 달린 방울처럼 내 손을 그가 따라오게
해 줍시다

방울 소리를 따라
밤마다 벽을 넘어갑시다
담을 넘어 가상 공간으로 들어갑시다

벽 너머로 손가락을 내밀어
고양이가 벽 너머에서 뒹굴뒹굴하도록 나 혼자 키우
는 내 손이 싫어질 때까지

내 손톱에 방울을 답시다
그가 손을 펴 내 눈꺼풀을 쓸어준다면 그의 반지처럼
빛을 따라가는 내 눈이 감길 겁니다
방울 소리 번져가게 합시다

내 손이 가는 길에서
손은 바람에 닳는 깃발
깃발은 바람에 닳는 손

〈

허공에 손짓만 하지 맙시다
손짓만 한다면 같은 배경이 늘 등에 붙어 있겠죠

밤새 눈 내려앉은 숲으로 들어가
내린 눈 위에 흰 국화를 놓으면 눈에서 꽃의 손가락
이 나옵니다

흰 손톱에서 방울 소리 울리면 가릉가릉 잠듭시다
잠든 그가 들을 수 있게 손 없는 그가 만질 수 있게

손에 국화를 듭시다

뜨거운 시

현미를 볶고 있는데
나무 뒤집개로 뒤적일 때마다 나는 소리
그렇지만 그렇지만
불길을 줄이면 잦아드는
그, 렇, 지, 만,
현상과 추상 사이에는 깊은 골이 있다고
골을 연결해 상상력에 닿는다는 시 창작 선생님
그렇지만 그렇지만
사색과 사유 사이를 이으며 오리가 헤엄쳐 간다면
맥락과 문장 사이를 이으며 오리배가 밀려간다면
그렇지만
추상에 닿은 현미가 하얗게 튀겨진다
고소하게 달아난다
뜨겁게 부풀다 팬을 넘어 튀어가는 상상들
깊은 골을 넘어와 튀어오는 문장들
그렇지만 그렇지만
볶은 현미로 현미차를 끓여 마신다
우러난 한 문장을 병에 담아놓고 음미하려 했지만
혀끝에 모였다가 스러지는 추상
손바닥에 순간의 뜨거움만 새겨놓고

상상과 나 사이를 이어주지 못하고 달아난
단어들을 씻어 건져 팬에 볶는다
나무 뒤집개로 단어의 뒷면을 뒤적일 때마다
그렇지만 그, 렇, 지, 만,

공기압

공기압 점검하라는 알림이 떴다

바람 빠진 마음을 알겠다는 정비사가
컴프레서 호스를 끌어와 공기압을 맞춰 준다

추위에 기습당하면 공기압이 떨어진다고
단단한 타이어 품도 움츠러든다고 한다

추운 사람 품에 안기려고 입술을 내밀어 본다
입김 불어 넣으면 따뜻한 손이 나오려나

공기압 낮아진 나는 넘어지는 당신을 보아도
팔을 내밀어 붙잡아 주지 못한다

철심 든 타이어 같은 마음도
굴곡진 길을 오래 달리다 보면
수제비처럼 뜯어져 길에 널릴 때가 있다

길에서 공기인형이 일어나 팔을 내민다
공기압만으로도 누군가에게 손을 내밀 수 있다니

손을 잡으면 춤추는 마음이 옮겨올 것 같은데
몸에 공기가 가득한 사람들이 지나간다

공기압이 높아 몸을 굽히지 못하는 사람이 지나간다
생각이 구부러지지 않아 노래가 나와도 춤추지 못한
다

나는 바람 빠진 걸음으로 간다 혼자
공기압 점검하라는 알림이 뜨지 않았다

음악을 끄는 밤

음악 없이도 잠드는 날이 늘고 있다

잠은 링거병에서 떨어지는 수액처럼
선율을 타고 들어오다 나가다 했다
수액이 스며든 잠은 따뜻한 물에 잠긴 듯
메마른 주름을 펴 주었다

물 많은 잠을 자고 나면
접힌 한쪽을 펼 힘이 생겨 목소리가 반음 올라갔다

외로움은 폴라티에 붙은 오리털 같아서
스치면 다시 달라붙는 음표라서
귀를 어디에 기대야 하는지 몰랐다

건반과 건반 사이에 오래 누워 있었다
삶의 건반보다 죽음의 건반이 먼저 무너져 내리면
잠 속으로 들어가던 걸음이 다시 뒷걸음쳐 나왔다
무너지는 건반들이 귓가에 쌓이는 소리를
음악으로 듣는 밤이었다
〈

누군가 누른 건반 하나처럼
고요만 고요히 남은 세계에
눈송이만 가벼이 내려앉는 세계에
수액 떨어지는 소리만 쌓이고 있었다

나무 열매도 새들 노래도 사라져
음악을 끄고 흰 밤에 안겨 있었다

응시

눈 덮인 호수를 보며 한 사람이 앉아 있다

개 한 마리가 오두막 앞을 뛰어간다 오두막 굴뚝에
서 가느다란 연기가 오른다
연기는 흐르며 호수의 시간이 되고

시간은 흐르며 사람이 되다가 개가 되다가
걸어가던 개가 눈 쌓인 길에 들어가 눕는다

등에 따뜻한 한기를 느끼며 누워 어디에도 없는 꽃
향에 코를 내민다

호수가 되려고 사람은 사람 곁을 떠난다
사람이 되려고 호수는 사람 곁으로 다가온다

눈 덮인 호수를 바라보며 한 사람이 앉아 있었다

어깨에 눈가루가 날려도 움직이지 않는다 그 사람은
호수만 응시한다
〈

응시는 바라보는 일이 아니다
응시는 상대의 눈을 뒤져 열쇠를 찾는 손이다

어떤 답을 찾으려고 그는 호수를 뒤지는지 호수는
무엇을 찾으려 그를 응시하는지
호수는 그를 바라본다

눈 덮인 호수에 앉아 그는 얼음이 되어가는데 호수는
얼음이 된 생각을 쌓고 있다
쌓인 눈 외에 나무 한 그루 보이지 않는다

호수는 눈 덮인 한 사람을 응시하고

따뜻한 오해

면수는 냉면 사리를 삶은 물이다
평양냉면집에서는 주전자에 면수를 담아 준다

면수를 마시면 면을 뽑는 사람의 손을 잡는 느낌이
라며
버리지 말고 마시라는 말을 한 사람은 엄마였다
그러나 나는 면수를 마실 때 면을 뽑는 사람이 아니
라
핀란드에 사는 친구의 손을 만지게 된다

최루탄 냄새가 뒷골목을 채우던 시절에
친구와 무슨 일로 냉면집을 찾아 헤맸는지
매운 연기 때문이었는지 열기 때문이었는지
이민 가기 전 조밥으로 한 가자미식해를 먹고 헤어졌
는데
외국 사람들 틈에서 그이도 그 저녁을 떠올리는지 궁
금하다

빵이 주식이 된 친구에게 애피타이저처럼
따뜻한 한 잔의 면수를 마시게 하고 싶을 때가 있다

그럴 일이 없을 거라는 걸 알면서도

루틴이 풍부한 면수를 마시고 환한 눈으로 핀란드 숲을 보라고
퀘르세틴이 든 면수를 마시고 핀란드 벌판을 뛰어다니라고
평양냉면집 주전자에 면수를 담아 보내주고 싶다
그럴 일이 없을 거라는 걸 알면서도

나는 오늘도 따뜻한 면수를 마시고
면수의 수 자가 손 수 자라고 오해하는 것이다
핀란드가 한국의 북쪽 어느 지방이라고 오해하는 것이다

홍천강에서

다슬기를 잡으러 갔다
채집통에 달린 수경을 수면에 대고 다슬기보다 돌들
을 돌보다 네 모습을 찾는다

우리는 한낮의 다슬기처럼 정면승부를 좋아하지 않
는다 물이끼가 낀 돌을 살짝 뒤집으면

이끼 뒤에 붙어 있는 돌
돌 뒤에 붙어 있는 다슬기
다슬기 뒤에 붙어 있는 너

은밀히 아껴둔 사랑을 들추려는 마음으로 가령 오래
되었지만 언제든 만날 수 있는 첫사랑이나 전화 오기만
기다리는 끝사랑처럼

다슬기보다 돌들을 돌들보다 네 모습을 찾는다
수경으로 보는 물밑은
꽃병처럼 산산이 부서진 것 같으나 물이 담겨 있고

다슬기는 미끄럽게 빠져나가 사라지고 다슬기를 놓

처 빈 껍질만 남은 채로 홍천강은 흐르고 있다

　홍천강을 따라 흐르는 너
　너를 따라 흐르는 배경

　배경 따라 흐르는 미끄러운 사랑은 돌 아래 눌러두
자 아껴둔 사랑은 빈 껍질 속에 넣어 두자

증식하는 집

너는 없는 집에 살지
홀로 너의 세계 속에서 너만 헤아리지 밤새도록 너
자신만을 바라보는 눈

너의 초상화는 잡을수록 커지는 회오리
곧 사라지지, 없는 바람
짧은 슬픔 긴 슬픔이 손에 손잡고 너는 그것이 무언
지도 모른 채 오늘도 집에 갇혀서 울어

없는 집에는 형제 대신 부모들이 부모 대신 아내들이
아내 대신
너는 도대체 아버지가 몇이야?

그런 말은 아침마다 붉은 입술로 식탁에 앉아 밤의
어둠을 되감고
아버지들은 밤마다 반바지만 입은 채 담배 연기처럼
어둠을 풀어내고

네 말은 없는 언어
네안데르탈인과 데니소바인과 호모사피엔스의 혼혈

같이
　너의 불안을 덮으며 머리카락은 길어지고

　입술에 침을 바르지, 흉터가 두꺼워져 벽이 높아지지
　감추려다 들키는 거야 없는 벽 뒤의 손이

　너는 너의 배다른 형제
　큰엄마 작은엄마 또 작은엄마에게 자식이, 큰아버지
작은아버지 또 작은아버지에게 자식들이

　그런 말로 시작된 가계였는데 펴놓고 보니 마을이었
어 없는 형제 없는 부모
　없는 집으로 증식하는

마지막 병동

나보고 키우기 박사래요 화분에 상추를 잘도 키워요 버려진 양란을 주워 와 꽃을 피웠어요 화분 속 지렁이가 마루까지 기어 나온 날 키우기 여신 데메테르의 후예가 되었지만

몸 안에 땅콩밭을 만들었다니 말이 되냐고요 온 데가 땅콩이라 의사들도 손들었잖아요 몰랐어요 아무 느낌 없이 자라고 있었으니까 갑자기 날씬해져 부러움을 살 때도 있었죠

시간이 없다네요 친구들과 해외여행 예약한 것은 괜찮아요 여행은 천국으로, 의사는 말하네요 몽땅 캐내싹 말릴 수 없다고, 한꺼번에 뽑을 수가 없다고, 어떡해요 땅콩이 줄기줄기 뻗었다니 전문용어로 전이라고 하네요

땅콩이 자라죠 갈아엎을 틈도 없이, 한밤에 내 몸을 바라보면 땅콩은 보이지 않는데 땅콩밭에서 허리를 세우고 일어나 침상에 앉아 있는 사람들이 보였어요
　〈

무언가를 찾고 있어요 무성한 잎에 떨어지는 빗소리
같이 남들은 모르는 빛을 찾고 있었어요 땅콩 줄기를
터는 농부들처럼

야적장

야적장 한쪽이 텅 비어 있다
들어오는 컨테이너 차량도 없는 구석에
리치스테커* 한 대 멈춰 있어서
보리수나무 보이지 않는다
요소수를 열 통밖에 못 팔았다는 사장님이
화물차 기사들과 화투를 치고 있다
가속페달을 밟듯 담배를 피워댄다
담배 연기 늘어지고 구내식당 점심시간도 늘어진다
고개 숙이고 화물 앱을 뒤지는 기사들이
냉국도 아니고 콩나물국을 먹는다
삼십 년 기름밥 생활에 처음 보는 시국이라고
바퀴 두 짝만 갈아도 백만 원 돈이 나가는데
운송비가 자꾸 내려가면 어쩌냐고
볼멘소리를 뱉는다
하역 인부들이 대기실에서 막걸리를 마신다
리치스테커는 그 자리에 있고
새들이 와서 따먹는 보리수나무 보이지 않고
빈 야적장처럼 유월 한낮이 비었는데
팔뚝에 토시를 올리며 운송장 든 기사가
불 없는 담배를 질겅질겅 물고 화물차에 오른다

기사식당은 비어도 화물차 주차장은 비지 않는다

화물차 한 대 빠져나간 자리만 운송장처럼 남아 있
다

해가 지도록 보리수나무는 보이지 않는다

* 리치 스테커reach stacker: 컨테이너 핸들러. 컨테이너를 차에 올려주거
나 내려 야적장에 쌓는 특수차량.

짧은 잠

순갈보다 작은 뜰채로 새우를 떠서 물에 넣는다
실비니아 쿠쿠라타* 아래 새우가 숨어 있다
햇빛이 너무 많거나 너무 적은 지구에서
검은 커튼을 치고 잠만 자는 그대여
삶은 공평하지 않다는 말을 어떤 비유로 말할까
공평했다면 키 작은 나무들은 어디에 살았을까
작은 나무에서 쓰러진 그림자를 다시 세워
실비니아 쿠쿠라타 잎보다 작은 새우들이 잠을 잔다
어항 끝까지 잎으로 가득 채운 잠이라니
잠을 자면서도 앞으로 나아가는 잎이라니
커튼을 치듯 물빛 짙어진다
공평하지 않았다면 키 작은 새우들은 어디에 살았을까
어떻게 햇빛을 모을까 어떻게 가릴까
살아남으려고 자는 잠이라고 하지만
자려 할수록 더 밝은 데로 튀어가는 잠이라서
잠 속으로 들어가는 건 새우를 잡는 일보다 어렵다
일 년의 반이 밤인 나라에서 견디는 일과
일 년의 반이 낮인 나라에서 견디는 일은
무엇이 더 공평할까
공평을 바라는 식물의 발밑에서 그늘은 시작되어

지구의 반이 그늘이다
누구에게나 밤은 너무 많거나 너무 적어
실비니아 쿠쿠라타 뿌리처럼
짧아지는 잠

* 실비니아 쿠쿠라타: 어항 위에 떠서 자라는 수초.

3부

길이 하나였다면 4월이 더 쉬웠을까

금잔화가 피는 정육점

머리 자른 저녁에는 정육점에 갑시다
고양이가 새파란 눈을 감았다 뜨는
베타가 어항에 거품집을 만드는
고기보다 붉은 전등이 걸린 정육점에 갑시다

콧수염을 꼬아 올리고
복화술로 파도 소리를 내는
수갑만 한 금팔찌를 찬 주인이 있는
정육점에 갑시다
고기에 금잔화같이 마블링이 펼쳐진
진열장을 세 시간째 들여다봅시다
털북숭이 강아지를 안고 갑시다

왜 정육점 벽에 서핑 사진이 있는지
왜 정육점 저울은 파도의 무게를 재는지
왜 정육점 바닥 타일은 불을 끈 뒤에 빛나는지
왜 정육점에는 금잔화도 백합도 피지 않는지

수초 대신 소리만 키우는 주인을 만나러 갑시다
〈

아무것도 생각나지 않을 때는 정육점에 갑시다
모자를 눌러쓰고 슬리퍼를 끌며 갑시다

설희

어느 밤은 딸기잼같이 말랑해

잼 같은 밤이라고 하면 너무 끈적한가

잼 같은 피가 흐른다고 하면 너무 무서운가

이제 서로의 가슴 같은 건 열어보지 말자

피가 하얀지 붉은지 관심 두지 말자

딸기잼을 퍼먹든지 발라먹든지 자유니까

설희라는 흰 딸기로 잼을 만들면 무슨 색이 나올까

버터와 다른 흰 잼의 밤을 나열해 보자

우리 피도 희어질 때가 많으니까

헤모글로빈이 잠을 잔다면 흰 피가 솟구칠 수도 있
잖아

당신이 나의 밤을 헤집을 때 내 밤은 설희가 되기도
해

설희의 표면처럼 앙큼한 소름

내 흰 피는 수경재배 설희처럼 안전하게 자라니

당신과 나 피는 건드리지 말자

어머니의 어머니

또 그 위의 어머니와 어머니를 꺼내려면

세계를 한 바퀴 돌아야 할 테니까

브라질을 하룻밤에 다녀올 순 없을 테니까

당신과 나 단일 민족이라고 자랑하지 말자
어느 밤은 흰 피가 잘 자게 내버려두자
어머니들을 다 꺼내려면 우리 밤은 하얘져
흰 밤이 눈부셔져
새로 빤 이불처럼 서로의 등을 쓰다듬고
피는 내버려두자
어머니의 어머니 또 그 아래의 어머니를
설희의 하얀 밤들은 열어보지 말자

모퉁이의 감정

돌아보는 사람을 위해 봄은 모퉁이를 만든다
아까시나무 모퉁이에서 나는 돌아보았다

흰 꽃들이 가시 사이를 메우며 피어
봄은 그렇게 덮였고 돌아볼 때마다
몸 안의 녹이 떨어져 나오는 꽃들
전염병처럼 번져 모퉁이가 되고 있다
그러니까 꽃보다 단순한 가시는 없다고
모퉁이보다 단순한 꽃은 없다고

발목은 꽃보다 외로워 가시 사이를 돈다
모퉁이 하나를 돌았다는 건 꽃 한 송이를 보냈다는
것

돌아보는 사람을 위해 모퉁이는 갈매기를 만든다
갯벌에 갈매기 한 무리가 모여 바람 오는 쪽으로 서
있다
갈매기들도 몸 안의 녹을 꺼내는지
갈매기들이 떠난 자리에 흰 녹이 남아 있다
그것은 흰 꽃 같은데 모퉁이 없는 곳까지 오르다

심장을 앓는지 흰 꽃이 파랗게 질려 있다

판재를 꽂아 만든 횟집 화단에
거꾸로 꽂힌 꽁초들이 자라고
횟집 모퉁이를 돌면 돌아보는 사람이 있어
말하지 않아도 발목을 지우며 흩어지는 꽃들

길에 쓴 가사

책에서 들여놓은 길이 방 안에 가득했다
길은 내 손에 닿는 순간 사라졌다
나는 길이요 진리라는 말은 찾지 못했고
쇠 종이 머리로 떨어질 것 같아 종탑을 피해 다녔다

책 속의 공기가 너무 무거워 나는 일어나지 못했다
시외버스를 타고 바다를 보러 갔다
물그림자에 끌려가다 돌아오는 저녁은 패잔병을 닮
았다
늙은 용병처럼 나는 신발을 끌며 걸었다
오래된 앨범 속 군인이 나를 따라다녔다
딥 퍼플의 노래는 일렉기타의 비명과 흐느낌이 반이
다

책 속의 길로 노래 속의 길로 들어가면
나는 몇 날이고 나의 눈과 마주치지 않고 지났다
알 수도 없고 찾을 수도 없는 4월이 계속되었다
길이 하나였다면 4월이 더 쉬웠을까

바위틈새에서 구부러진 돌배나무의 비명이 들렸다

〈

물그림자에 흐느낌을 올려놓고 돌아오는 길

무인 도서관에서 책 한 권을 꺼내 읽었다

작가는 한 마디도 길 이야기를 하지 않았지만

바다로 들어간 뒤 나오지 않는 사람을 그리는 책이

었다

민들레꽃을 따서 바다에 던져 넣었다

자갈돌에 내 이름을 쓴 뒤 던져 넣었다

머릿속 노래가 신발 끄는 소리로 들려왔다

스노우볼 새우

스노우볼 새우가 죽었다
배를 뒤집고 긴 다리들도 움직이지 않는다

스노우볼은 내장까지 들이비쳐 숨기는 게 없다
속이 안 보이면 투명한 삶이 끝난 것이다

살아날까 싶어 컵에 넣고 새 물을 부어주었다
하루가 지나도 속이 비치지 않아 화분에 묻어 주었다

새우 하나를 묻었는데 꽃의 색이 옅어진다
사랑이 떠날 때는 작은 것도 자국을 남긴다

새우 더듬이가 그어 가슴에 가느다란 틈이 벌어졌다
당신 기억 속에 가라앉은 나도 죽은 거다
줄무늬 셔츠도 짙은 선글라스도 사라진 날
흰 줄무늬 크리스털화이트 새우만 살아 있는 날

바닥에서 흔들리는 덩어리는
건져내기 힘든 미련이라고 하자
순간 튀어나가는 도약을 어제라고 한다면

다리가 많은 그리움은 따라잡기 힘들다

투명함을 잃은 채 당신과 내가 죽어
저녁 속에 침잠하여 있다면
빛나던 몸짓도 불투명해져서

내 새우는 검은 모래 물속에 산다

나의 다락방

엄마의 설탕을 찾아 다락방에 아까시꽃 청을 담갔다
청을 타 마시면 다락방 냄새가 온 동네에 하얗게 풀
려났다
평야를 바라보던 좁은 세상에서 나가고 싶지 않았다
정우네 다락방에 한숨같이 흔들리는 한련화가 피고
은영이네 다락방에 더위보다 더운 색인 칸나가 피었
다
아버지를 피해 앞산까지 가서 기타를 쳤다
산소에서 기타를 치며 알밤을 주웠다
읽어보지 않은 연애편지를 알밤과 함께 아궁이에 밀
어 넣었다
성경을 찢어 뒤뜰에 뿌리고 그 애가 떠난 뒤에 매를
맞았다
영문도 모르고 맞아 잠옷 바람으로 찻길로 뛰어갔다
별똥별이 점점이 떨어졌다
눈감고 되새김질하는 소가 내 평생을 보는 것 같아
부지깽이를 소 눈에 대고 흔들었다
한없는 허용과 한없는 금지 아래서 자랐던 나는
앞길을 흔들어 대는 게 나인지 모르고 살았다
젖염소를 끌어와 등나무 아래서 젖을 짰다

염소젖을 끓이면 막이 생겼다

막이 두꺼워진 날은 친구 대신 작은 창 안에서 라디오를 들었다

라디오에서 내가 모르는 도시들의 소음이 들려왔다

리마를 끌어안고 잠이 들면 절벽 아래로 끝없는 바다가 밀려왔다

리마의 해안이 보이지 않아 불을 켜는 다락방

책들을 베고 누우면 다락방은 같은 계절이 반복되는 외국이었다

시외버스가 지나가도 어디로든지 나가고 싶지 않았다

고도에서

무청만 생산하는 무가 있는 것을 알았다

양구를 지나다 무진장 얼고 있는 무를 보았다
무구하게 동트는 산 아래 무청도 없이 무만 남은 밭
에서 머리 잘린 무만 무수히 줄지은 밭에서 무청만 생
산하고 버려지는 무들을 보았다

무에 담을 맛을 잎으로 넘겨주느라 자꾸 몸을 내밀
었는지 야위어진 무다
원래 그런 무가 있다면 원래 그런 사람도 있고 원래
그런 풍경도 있겠지만 잘 말린 무청은
국거리가 되어 식도락가의 입맛을 어루만질 텐데
내 무식을 깨우쳐줄 사람 하나 지나지 않는다

무밭을 무작정 달리다 고개 숙이고 무덤덤한 무의
한살이를 본다
무로 살다 무로 죽어가는 세상은 때가 되면 무던히
잘리는 무다

앞뒤 돌아보아도 무만 남은 밭둑에 주저앉았다

한철을 살고 시들었으나 풀들은 이미 씨앗을 남겼을
것이다

　아무리 기호가 변해도 무는 버리고 무청만 먹는 일은
없겠지만 그런 세상에 온 것 같다

　무심한 생이 우리 곁을 지나듯 무밭을 지나간다

저녁 9시

당신의 9시는 산수유입니까
8시보다 먼저 찬 땅에 떨어져 누워 있습니다

안개 속으로 손을 펴면
가지에서 노란 손이 하얗게 떨어지는
그곳이 당신의 7시입니까
흰 손이 많아 숨 쉴 공간이 줄어든 7시는
페달을 밟아도 소리가 그친 오르간입니다
오르간 소리가 겨울밤 안으로 기웁니다

교회당이 나무들처럼 어둠 안으로 사라집니다
흰 십자가가 공중에서 홀로 빛납니다
어둠을 이기는 건 빛이라고 하지만
빛이 손을 놓아버렸을 때
7시는 바람에 떠밀려 벽에 부딪힙니다

몇 시 방향으로 구멍이 생겼습니까
구멍 속으로 떨어지는 나무들을 봅니다
당신은 비옷을 입은 채로 길의 구멍 위를 지나갑니다
흰옷을 입은 사람들처럼 9시는 그 자리에 멈췄습니다

앞으로 나아가지 못한 9시에서 구멍들이 자랍니다
노랗게 떨어지는 산수유입니다

비상벨을 눌러도 구하러 오는 이 없는 7시입니다
이슬 안에 당신의 얼굴을 남겼습니까

대바구니에 담은 저녁

사랑한다 하고 산으로 간 오빠는 산비둘기가 되었다
산비둘기가 된 줄 모르는 오빠가 골짜기에서 운다

바람에 몸집을 불리는 대숲이 집을 삼켰다
집은 열어보지 않아 입을 닫은 책이다

어머니는 가방에 대숲을 넣어 간다
거리에 대숲을 펼쳐놓고 오빠를 찾는다

산비둘기를 따라간 어머니를 기다리면
어머니 비명과 산비둘기 울음이 섞여 들렸다

댓살을 다듬어 나는 바구니를 짠다
바구니 안에는 어머니도 오빠도 들어 있지만
바구니를 버리고 먼 산까지 따라가지 못하고
어머니는 산비둘기 울음을 따라가지 못한다

저녁 그친 집에 이웃의 밥내가 스며든다
검은 마당으로 대숲 소리 쏟아져 내린다
〈

대바구니가 닳아 어머니도 닳고 오빠도 닳아
산비둘기 쓸어 담던 대바구니에 핏방울 번진다

다른 눈

아침에 눈사람이 왔다
북쪽을 돌아서 온 사람 같았다

기침을 한다
따뜻한 모과차를 타 주었다

숨 막히는 흰 손으로 잔을 잡는다

저녁에 눈사람이 왔다
입이 녹아버려 말이 막힌 그가
손이 없는 장갑을 비빈다

이미 떠나버린 손

한밤중에 눈사람이 걸어서 왔다
눈 위를 걷는 동안 키가 커졌다고 말한다

이별에 잡히면 잊지 못할 자리가 생긴다

이별은 밤 쪽으로 발이 자라는 병이다

지나온 눈길 쪽으로 밤이 자라는 병이다

새벽에 눈사람이 갔다
목도리를 한 그는
입이 굳은 어둠을 데리고 갔다

흐르는 무릎을 껴안고 들여다보면
한때는 공중을 돌고 돌아온 물을 닮았다

다른 눈이 내리던 새벽이었다

겨울엔 유자차가 좋다

겨울은 유자차가 아니다
마찬가지로 겨울은 국화차도 아니다

하지만 겨울이 유자차가 아니라고 말하면
식어버린 유자차에게 미안해진다

떠나간 애인은 유자차를 즐겨 마셨다
겨울이 유자차가 아니라고 내가 말해서
목소리 갈라진 애인이 떠나간 걸까
아니면 처음부터
떠나갈 애인이 없었던 건 아닐까 하는 의심이 든다

눈을 맞으며 마당에 서 있는 눈사람에게
목도리를 둘러 주었던 일이 기억난다
목도리에 스민 향이 아직도 생생하다고 말하면
눈사람은 안 녹을까
유자차를 마시는 애인을 찾아 비행기를 탔다

바다 건너에서 만난 유자나무는 상큼하지 않았고
마주 보고 웃을 여유도 없었다

사람들은 유자차를 마시지 않았다
유자차를 마시는 애인을 구하지 못하고 돌아왔다

돌아온 집에서 애인이 국화차를 마시고 있었다

과일 가게

탁자에서 자라나는 사과다
냄비보다 뜨거운 사과가 열리는 탁자다

회사를 차리는 대신 탁자에 가게를 차린 언니가
탁자에서 다 익은 과일을 따면
없던 나무에서 여기저기 과일이 굴러들어 온다

입에서 다 익은 오렌지를 따는 언니다

아버지는 이게 무슨 일이냐고 탁자를 밀어버렸다
탁자가 사라지자 언니는 외곽으로 떠밀렸다

탁자의 외곽에서 언니는 죽은 사람을 닦는다
마이미스트처럼 누운 사람을 닦지만
언니는 죽음 안으로 한 걸음도 들어가 보지 못했다

마주앉아 과일을 키우던 사람들은 다 어디로 갔을까
어느 탁자에 붙어 서서 키우지 않은 과일을 따고 있
을까
입에서 과일을 부풀리던 언니는 사과를 닦는다

화장한 사과는 언니가 도달할 모습이었다
한 겹 한 겹 벗겨내고 새 옷을 입히는 작업이었다

죽음을 마무리하는 일은 장면 장면이 마임이다
바른 생활 아버지가 집을 비운 틈에 돌아온 언니는
탁자 아래서 과일을 딴다
지하 탁자에서 자라나는 과일이다

가장 긴 꿈

잼을 넣으려고 빵을 자르는데 빵이 입을 벌려 접시들을 삼킨다

양쪽에 포크를 꽂자!
포크를 다리 삼아 걸어 다닐지도 모른다

나이프는 반짝이는 손이 된다 손이 하나여서 삼킨 접시를 꺼내는 데 애를 먹는다 접시를 뱉은 빵이 장작이 타고 있는 화덕 안으로 들어가 불을 빨아 먹었다 차가운 접시 대신 빵 속에 뜨거움이 차올랐다 온몸이 빨개진 빵이 입안에 있던 불을 들판에 대고 뿜자 들판은 불의 꽃밭이 되었다

뜨거워 뜨거워
불을 뱉은 빵이 아이스크림을 들고 가는 아이들을 삼킨다

빵 속은 넘어져도 다치지 않는 놀이터
아래로 위로 내던져도 다치지 않는다 아이들아! 팥빵과 슈크림빵으로 만든 트램펄린 위에서 뛰어놀자

〈

　한잔 술에 취한 사람들이 퇴근길에 빵 위를 걷다가 슈크림에 빠진다 슈크림에 빠진 사람들이 슈크림 속에서 비명을 지른다 비명을 지르지만 빵 속으로 들어와 구해주는 이가 없다 빵 속에서는 모든 것이 숙성되고 발효된다 사람들의 비명이 빵 밖에서는 발효된 노래로 들린다

　아내들이 빵의 노래를 듣고 춤을 추며 빵집에서 빵을 사 간다 식탁에 앉아 빵을 자르면 빵이 아이들을 토해낸다 아내들이 빵을 뒤적거리며 남편들을 찾고 있을 때 아이들과 함께 슈크림이 흘러나오며

　긴 꿈은 끝이 난다

4부

그녀를 뒤돌아보는 동안 하루가 지났다

빛이 머무르는 순간

한 사람을 지나쳤는데 깊은 산에 들었다 나온 기분
이다

한 줄기 빛이 머무르고 있다
그것이 영원이라면 지난 뒤 남은 향기가 계속이라면

잠깐은 영원이라는 케이크에서 살짝 찍어 먹은 맛이
지만
케이크는 층을 가지고 있다

그녀를 뒤돌아보는 동안 하루가 지났다
한 층이 끝난 걸까
담배를 피우던 아저씨가 담배를 감추며 쳐다본다
담배 끝에도 빛이 머무르고 있다
그것도 풍경이어서 풍경 소리가 얹힌다

빛이 사라지고 저녁이 되었다
남의 가게 앞에 앉았던 시간
잡아당겨 가까이에 놓았다
〈

영원에 끌리는 날이다

한 손으로 블루베리를 따서 파는 그녀에게 하루는
얼마나 얇은 층인지

한 사람을 지나쳤는데 깊은 저녁에 들었다 나온 기
분이다

컵에 손잡이가 있는 이유

컵을 잡으면 이야기가 시작된다
컵에 양초 하나 놓으면 수많은 방에 불이 켜진다
머리 위로 컵을 들면 컵에서 종소리가 난다
사람들은 컵 속에 숨겨진 별을 보려 하지 않았고
별을 보지 못한 사람들은 사랑을 모르게 되었다
별 아래 앉아 있으면 사랑이 컵보다 작다는 걸 알게
된다
손잡이를 돌려 잡으면 이야기가 이어지고
꿀벌의 방처럼 이야기가 채워지면 다음 방이 열린다
컵을 모으는 사람은 지나간 이야기들을 모아놓고 들
려준다
컵에서 나오는 이야기 중에는
한 컵 물이 없어서 말라 죽는 사람이 있다
삽을 들어 수로를 팠다면 호수를 끌어들였겠지만
나는 아프리카로 간다
사자 캄팔라 기린은 아프리카의 친구다
바나나 망고 파인애플은 컵의 애인이다
바나나 망고 파인애플과 빅토리아호 지류에서 보트
를 탔다
황톳길에서 만난 스콜은 길을 가로막는 뱀보다 무서

웠다

　비치 원피를 입고 검어진 기름에 튀겨낸 물고기를 먹
었다

　열에 들뜬 이마에 쌓이는 건 별빛이었을까

　컵을 부르지 않아도 어둠을 휘젓는 검은 손이 보였다

　컵을 돌리면 이야기는 지하주차장으로 내려간다

　여기서 컵은 지하주차장이다

　컵에 물을 부으면 주차장에 물이 차오른다

　사자 캄팔라 망고 꿀벌이 컵에서 튀어나온다

　컵을 씻으면 이야기는 끝이 나지만

　기린은 어디로 갔을까

　저녁에 동생이 컵의 손잡이를 잡으면 이야기는 다시
시작된다

증명

벚나무잎은 더 단가?
외국 사는 친구가 잊지 않고 생일카드를 보내오는
사월에
외국은 더 아름다운가?

라바콘이 길게 놓인 길을 걸어가는 오월에
나를 위해 과분한 선물을 사야 한다

손글씨 편지는 눈뜰 수 없는 날에 본 나비지만
외국이 아름다운 건 벽돌집과 박석 깔린 길 때문이다
등이 굽은 노부부가 키스하는 모습 때문이다
각각 자기 나라말로 떠들어도 잘 노는 아이들 때문
이다

친구가 해마다 선물로 자신을 증명하는 유월에
나무를 껴안으면 오래된 나무의 마음이 내려온다

그건 너무 슬픈 일이거나 너무 기쁜 일
당신이 떠나간 이유가 키스 때문이라고 말할 때
나뭇잎은 단맛을 모아 벌레를 먹이고 키워 나비로 날

아간다

　외국에서 보내온 반지는 혼자 지나는 생일만큼 위험
하다
　미끄럼틀 아래 숨어 너는 무슨 위험한 질문을 키운
건지
　아이들이 매달리자 정글짐은 과일나무로 살아난다

　나는 물 고인 자리에 너를 놓아준다

　오래된 질문으로 다시 자신을 증명하는 이 세계에

방학

언니의 주먹은 왜 모감주나무일까?

한번 쥐면 아무도 풀지 못하는 주먹을 쥐고 언니가 잠들면

말할 수 없는 검은 밤이 주먹에서 흘러나왔다

물에 사카린 한 알을 넣어 가져다주면

흰 목만 무릎 사이에 넣고 언니는 침대 끝에 앉아 있었다

모감주 열매 같은 언니의 주먹에서 자주 검은 씨들이 튀어나와

침대는 모감주나무 바닥 같았다

검은 씨들이 빠져나간 언니는 점점 가벼워졌다

언니는 검은 씨들을 줍다가 쓰러지곤 했다

해바라기 담 너머로 키 큰 남자가 지나갔다

저녁은 남자보다 더 빨리 지나가고

나는 저녁보다 더 빨리 사라지지 않는 밤을 미워했다

언니에게 밤은 무엇이었을까

모감주나무 씨앗이 많아진다는 것

먼 날까지 검어진다는 것

모감주나무 한쪽이 검게 병들어 떨어지면

방학이 끝났다

남자처럼 아침이 지나가고 한낮이 지나고 다시 밤이
왔다
　잠을 자야 키가 큰다고 엄마는 말했지만
　밤은 비행운보다 길었고
　봉지 속 씨앗처럼 언니의 사랑은 더 단단해졌다
　모감주나무씨가 떨어지면 해바라기씨가 검어지기 시
작했다

필독 도서

책장은 두 번째 아내입니다
아내가 책을 흔들면
책에 찢긴 구름에서 빗줄기가 쏟아질까요
어떤 새가 떨어질까요
하루는 비 젖은 잎에 새소리 쌓는 일
어제라는 회초리를 나무라고 흔드는

책장은 죽은 화분입니다
반짝이는 반지들이 화분 밑에서 썩어요
반지를 끼고 걸으면 손끝에 달콤한 과일들
먹으면 죽은 열매가 몸에 차곡차곡 쌓입니다
차곡차곡이라 하면 입안에 벽돌을 괴는 느낌인데요

백 개의 과일나무를 심으면 책장이 됩니다
늘어나는 열매들을 따기 위해 백 개의 손이 필요하죠
하지만 아내는 죽은 아내여서 손이 없고
죽은 책이 흔들리면 베개가 높아지고

베개가 높아지면 당신이 베개를 벨 때마다
꿈결 같은 단물이 나오기도 하는데요

〈

쌓이는 것은 쌓을 것을 끌어당긴다고
책에 쓰여 있더군요
잠은 기억에게 밥을 주는 일이라고
쓰여 있더군요

천 일 동안 쌓인 꿈에 밥을 먹이며
차곡차곡 벽돌로 쌓는 도서 목록입니다

꽃시절

바다로 내려가는 기차를 탔다

월 마감할 수표는 가방 바닥에 깔았다 가방을 끌어
안고 잠이 들었다
옆자리 사내와 꽃 시절 이야기를 했다
마른풀 냄새가 나는 사내가 적어준 쪽지를 고이 접어
넣었다

기차역에서 택시를 타고 바다에 가는 동안 기사는 떠
나온 곳을 물었다
밤바다에 내리는 사람 이름을 받으면 더 먼 데로 나
가지 않는다고 했다

걸음을 삼키려고 입맛 다시며 달려드는 모래톱에 서
있었다
이름을 걸고 달려온 나날이 파도 소리 아래로 쓸려
들어갔다
그 앞에서 하찮은 구실을 대고 견딜 수 있을 때까지
견뎌보았다
깊이 모를 구멍에서 올라온 헛바닥이 발을 휘감았다

어차피 예견했듯 갈림길에서 꽃밭으로 등을 떠미는
건 꽃들이다

남편은 기타를 퉁기고 아내는 계란말이를 만드는 포
장마차 안이 포근했다
얇은 바람벽의 밤을 감싸주는 노래를 들었다
마른 고개에 물기 많은 노래가 스며들었다

바다에서 멀어지는 기차를 탔다

두고 온 꽃이 파도에 쓸리는지 귀가 울렸다

의자와 그네

의자에 앉아요 당신은 이 의자에 처음 앉은 사람 두 손 길게 내밀지 말고요

손은 슬픔을 채집하는 그물이니까요 물고기처럼 어둠에 걸리는 손으로 우리 사이에 화분을 놓는 당신

의자에서 재스민 향이 나요 당신이 의자에 걸렸으니까요 내가 따서 당신을 병에 담았으니까요

당신 옆구리에는 톱날이 숨어 있어요 벼락 치는 밤의 절벽처럼 당신 옆구리는 깜깜하고 번쩍거려요

내가 절벽을 끝까지 올라가지 못한 이유죠 벼락 치는 밤이 화분보다 더 많이 깨져서 마침내 우리는 물이 되었어요

물을 피해서 의자에 앉아요 당신이 앉으면 의자는 당신의 바깥이 되고 당신은 의자의 바깥을 파랗게 그려봤나요
〈

아니요 손 내밀지 말아요 삼 년 된 소금처럼 단맛이
나거든요

의자를 당겨 앉으면 끝없는 해변이 올라와요 죽은
강아지를 안듯 바다를 안고 올라와요 죽은 강아지처럼
당신의 손길이 남아 있어요

당신의 손길은 해변의 그네였죠 한쪽으로 기울어진
그네를 타려니 해변이 넘실거려요 그네가 쓸쓸히 날려
가는 소리 들려요

그러니 의자에 앉아요

손을 담가요 당신은 이 해변에 앉았던 사람 중 하나
예요

윈드아이 카페

숨기려고 단 간판이 있다 입구를 알리지 않으려는 간판이다 희미한 문은 영화 속으로 들어가는 입구다 방마다 다른 영화가 상영된다

카페를 드나드는 사람에게 밤낮은 그저 깜박이는 점멸신호일 뿐이다 포구 앞 갈매기들은 한밤에도 잠들지 못하고 울고 다닌다 지하 계단을 내려가면 빔프로젝터 불빛에 머리를 맞대고 앉은 검은 실루엣이 보인다

어린 아들을 두고 나온 여자와 어린 아내를 두고 나온 남자가 서로 깃을 골라주며 체취에 빠져 있다

시공간은 주머니에 들어간 토끼처럼 사라지기도 한다 영화만 생각하는 사람들이 영화 속 주인공이 되면 지갑을 버리고 마법의 지팡이를 휘두를 뿐이다 지린내와 음식 내가 우주 쓰레기로 카페 안을 채워도 아랑곳하지 않는다

일상이 영화 속 괴물처럼 발목을 잡아채도 하루하루 가상현실에 올라타 떠다니는 거다

〈

어린 자식을 두고 온 여자에게 사랑하는 자식을 물
으면 안 된다 어린 아내를 두고 온 남자에게 사랑하는
아내를 물으면 안 된다 사랑은 그저 깜박이는 점멸신호
일 뿐이다

꿈에다 고춧가루를 뿌린 거다 해안도로 가로등 위에
나란히 앉아 자동차 지붕에 배설물을 갈기는 갈매기처
럼 가족들 눈에 깨는 꿈을 뿌린 거다 눈이 붉은 사람들
이 카페 입구를 찾아 기웃거리고 있다

캠핑

집을 바꾼다
집을 매달고 달리면
차가 이끄는 대로 따라오는 집

숲으로 가면 숲속 오두막이 되고
바다로 가면 버려진 해안초소가 되고
들판으로 가면 수양버들처럼 집이 흘러내리는

집을 바꾼다
식구를 바꿀 수 없어
지붕 위의 별들을 바꾸고
먼 데서부터 달려온 산짐승들을 바꾸고
문을 닫고 열어서 길을 바꾼다
하루에 백번이라도 바꿀 수 있는 길이다

식구를 바꿀 수 없어
늘어진 국기가 달린 가정법원을 바꾸고
식구들을 내보내 운동장으로 바꾸고
모자를 바꾸듯 지붕을 바꾸고 지붕을 바꾸듯 모자를
바꾼다

〈

만나는 사람마다 차에 태워서 친척들을 바꾸고
강아지를 바꾸고 친구를 바꾸고
식구를 바꿀 수 없어 집을 바꾼다

바꾼 집을 버리려고
자동차에 집을 달고 바다로 간다
만나는 사람마다 태우고 가서 집을 버리고
집으로 돌아온다

음

하고픈 말 오라고 마중 나가는 음

생각의 실마리를 붙잡는 버팀목 음

알 듯 말 듯 양다리 걸쳐 간 보는 음

책상다리와 발톱이 승부차기하면 음 음

어금니를 지팡이 삼아 오금 펴는 소리 음

붙들고만 있다 놓친 한 번의 기회 음

코 말고 혀에 내미는 한 숟갈의 특혜 음

혀로 혀의 돌기를 헤아리고 뿌리를 감는 음

안에 물고 있으면 실언하지 않는 음

막다른 벽에서 열린 문이 되어주는 이음

이해하면 둥글어져 보석함이 되는 마음

우리는 기린처럼

기린처럼 싸워 우리는
수컷 기린처럼 온몸으로 싸워

싸우다 목이 부러져 평생 왼쪽만 볼지라도
오른쪽이 평생 무거워져 살지라도
한쪽으로 구부러져 싸워
남들이 피하는 전법으로 남들이 무시하는 자세로

영양처럼 싸워
허빈 뛰어오르년 발이 땅에 닿을 때까지
가파른 바위를 타듯 너의 반격은 절박하지
직진하다가도 급하게 꺾어버리는 유연함

우리는 영양처럼 멀어져
영양처럼 도망치다 돌아서서 하마처럼 맞붙어
어떤 발톱도 박히지 않게 미끄러져 내리게
어떤 울분도 들어 올리지 못하게 짓누르며 싸워

상대를 통째로 물어서 동강 나게 내던져
조력자들이 우글거리는 진흙탕 속에서 실눈을 뜨고

질펀하게 무너지는 모양을 봐
검질기게 버티다 가라앉는 모양을 봐

우리는 귀를 닫아버리지
서로 공감하는 눈이 뜨일까 봐
체체파리에 물린 기린처럼 잠들어 우리는

돌이 움직인 날

돌았다
돌이 몸속에서 돌았다
고개를 돌렸을 뿐인데 침대째 돌았다
검사가 이어지는 동안 소용돌이 속을 돌았다

나의 한때는 어류였다
안전하고 따뜻한 물 안에서
거꾸로 돌고 바로 돌고 마음껏 헤엄치며 놀았다
폭포 속에서도 평형을 잡는 물고기처럼 나도 머리 들
고 살았다
세차게 뒤집혀도 세파 속을 거슬러 숨 쉬며

올라왔다
평평하지 않은 바닥이 울렁이며 올라왔다
푹신하지 않은 소파가 요동치며 올라왔다
새끼 붕어도 팔딱 뛰며 올라왔다

손도 발도 없는 붕어가 아무 하자 없는 나를 뒤집었
다
귓속 돌 하나가 온몸이 말짱한 나를 뒤집었다

모든 것이 치고 올라와 뒤집는 바람에

돌았다
귓속 돌이 돌았다 내가 돌았다 지구까지 돌았다

무거운 책

책을 읽던 여자가 내주는 물을 마시고
몸에 돌이 생기기 시작했다

물을 마셨을 뿐인데
밖으로 나가는 문을 찾지 못했다

짐을 들어주듯 몸은
다른 이의 돌을 들여놓을 때가 있어서
무거운 것들이 점점 옮겨 왔다

몸은 얼마나 많은 돌을 낳고
얼마나 넓게 돌밭을 키운 것인지
책을 덮고 일어나려 했으나 무거워 주저앉았다

파랗게 입술이 피어난다
돌을 잘 숨긴 화장이다

책 속의 이야기였던 것처럼
물을 마셨을 뿐인데
돌이 몸을 가지고 오면 책으로 들어가야 한다

〈
쉬운 선택은 돌을 던지는 것이다
돌을 잊어버리는 것이다
돌을 잊는 동안에도 몸은 무거워지고 몸은 마르고

책을 읽는 여자에게 물을 내주었다
책에서 돌이 빠져나가기 시작했다
책 속의 이야기가 없었던 것처럼

증식하는 감각

고광식(문학평론가)

1. 사적인 안개 공간

질 들뢰즈는 자신의 저서 『감각의 논리』에서 "감각이
란 신체 위에 작용하는 힘들과 파장과의 만남으로서, '감
각적인 체조'이고 외침—숨결이다."라고 갈파한 적이 있다.
지금 여기 염민숙 시인은 들뢰즈가 갈파한 것처럼 감각적
파장으로 인지한 것을 진술하는 데 열중이다. 세상의 움
직임은 신체의 감각기관에 감지돼 파장을 일으킨다. 그러
므로 염민숙 시인의 시적 외침과 숨결은 끊임없는 파장으
로 증식하는 중이다.

염민숙 시인은 사적인 공간에서 감각적인 행위로 삶
의 파장을 만든다. 시적 화자를 통해 신체에 작용하는 힘
을 줄이려고 "음악 없이도 잠드는 날"(「음악을 끄는 밤」)
을 늘린다. 하지만, 잠은 오지 않고 신체의 감각은 사물

의 소리에 더욱더 민감해진다. 이처럼 사물이 만들어 내는 파장은 신체를 포박하고 있다. 우리의 신체에는 감각기관이 분할돼 각자의 역할을 담당한다. 인간은 세계 또는 타자가 보내는 파장을 느끼고 적극적으로 자신의 행위를 한다. 따라서 파장 앞에서 "날이 차가우면 페스츄리를 만들어요"처럼 방어기제를 만든다. 이처럼 주체는 자신이 할 수 있는 행위를 통해 강렬한 숨결을 일으킨다. 타자를 흉내 내는 것이 아니라 자신의 고유한 행위로 삶의 주인이 된다. 감각은 자아와 타자를 연결하는 통로이다. 하나의 파장 형태로 다가오지만 결국은 각자가 만들어 내는 힘이다. 따라서 파장은 서로의 몸에 새겨진 무늬와 같다.

염민숙 시인은 사적인 안개 공간에서 세계를 바라본다. 감각으로 사물을 투사하고 교차시키며 지금 여기의 사실을 진술한다.

나는 안개를 키운다 눈 뜨면 물 주고 물 먹다 물 주고 잘 때도 물 주고

당신도 안개를 기른다 꽃잎으로 피어나는 안개가 좋아 입김으로 떠오르는 안개가 좋아 당신은 안개 얼굴을 만든다
〈

우리가 만나면 안개는 섞인다 아니 섞이지 않고 맴돈다

맴돌면 세계의 한 귀퉁이가 사라져 바스러져

열린 대문이 계속해서 안개를 만들어내니까 끝없이 열리

는 대문은 끝없이 달려도 끝나지 않는 벌판이라서 눈 뜨고

자게 해 불 켜고 자게 해

- 「안개」 부분

시적 화자는 "나는 안개를 키운다 눈 뜨면 물 주고 물

먹다 물 주고 잘 때도 물 주고"라고 진술한다. 화자가 안

개를 키우는 목적은 무엇인가. 세계를 정면으로 응시해야

존재 확립이 확실해진다. 그런데 화자는 안개를 키운다.

아침에 일어나 물 주고 밤에 잠들 때도 물을 준다. 안개

를 키우기 위한 행위가 하루 종일 이루어진다. 안개는 가

시거리를 감소시켜 눈앞이 잘 안 보이게 한다. 화자는 세

상을 경계한다. 따라서 타자의 공격으로부터 자신을 은폐

시키고 싶은 방어기제가 안개를 키우는 행위로 나타났다

고 보아야 한다. 자기 주변에 지속적으로 물을 뿌려 자신

을 완전히 가리고 싶은 욕망을 드러낸다. 이렇게 안개를

키우는 화자는 "당신도 안개를 기른다"고 진술한다. 화자

만 안개를 키우는 게 아니라 타자도 안개를 키운다. 타자

또한 화자처럼 세상을 경계한다. 화자가 바라보는 타자의

안개는 더욱더 구체적이고 화려하다. 그들의 안개는 꽃잎으로 피어나 지표 가까이 떠 있다. 그리고 그들은 안개 얼굴을 만들어 자신을 완전하게 은폐시킨다. 안개의 시 공간에서 우리는 파편화되고 고립된 존재와 대면한다.

염민숙의 시는 "계속해서 안개를 만들어" 내는 감각적 행위로 써진다. 시인은 사적인 안개 공간에서 직접적이고 다채로운 감각을 실험하는 중이다. 신체 위에 작용하는 힘으로 세상을 감지해야 하는데, 현실은 서로를 은폐시키기에 여념이 없다. 이것은 시인과 타자가 세상을 살아가는 보편적 방식을 뜻한다.

2. 수혈의 시간

감각을 느끼는 것은 우리의 신체에 가해지는 힘을 인지할 때이다. 이 순간 만들어지는 파장으로 우리는 세상을 응시한다. 시각과 촉각이 섞여 강렬한 파장을 일으키는 게 수혈이다. 또한 수혈은 피가 부족할 때 다른 사람의 혈액을 주입받는 과정이다. 삶 속에서 갑작스러운 피로감이나 어지럼증을 느낄 때가 수혈의 시간이다. 이 수혈의 시간은 감각을 통각적으로 체험하는 순간이기도 하다. 무기력해진 신체에 타자의 뜨거운 숨결이 뚫고 들어와 자신과 하나가 된다. 수혈은 타자와 만나 무기력을 극복하는 결정적 경험을 하는 순간을 제공한다. 이렇게 우리는 타자와 섞여 살아갈 힘을 얻는다. 자신을 은폐하는 행위를 통해 세상에 발을 딛던 우리가 몸의 언어에 귀를 기울이기 시작한다. 수혈의 시간은 감각으로 세계를 바라보는 사실적인 경험이 된다. 이로써 우리는 서로의 신체에 힘을 가하는 행위의 중요성을 깨닫는다.

수혈의 시간은 타자와 관계 맺는 과정이다. 이런 행위는 조용한 움직임을 통해 서로 감각으로 연결하고 자기 자신 속으로 들어와 타자와 연대한다.

참을성이 많은 나는 괜찮다고 해요 참다 보면 어지러움도 안전하게 익어가죠 수혈을 받아야 산다고 의사는 말해요 변기 속이 검은 나는 남의 피가 싫다고 해요 어느 색을 감춘 피인지 모르잖아요

침상에 누워 수혈을 받아요 피를 받지 않으면 살 수 없다니 피를 받아요
사랑도 남의 피를 수혈받는 거잖아요 받지 않았으면 산수유 길이 시작되질 않았겠죠

우리는 흰 길을 수혈받았어요 흰 길은 눈에 띄지 않는

창백한 길이죠

창백한 길을 가다 보면 창백한 사람이 보이고 창백한
사랑이 보여요 흰 손이 흰 손을 잡으면 오래 서 있을 수
있어요

─ 「수혈」 부분

화자는 "참을성이 많은 나는 괜찮다고" 말하지만, 의
사는 "수혈을 받아야 산다고" 단호하게 경고한다. 화자는
몸으로부터 오는 고통을 통제하고 다스릴 줄 안다고 스
스로 다짐한다. 우리는 몸의 물리적 자극을 뇌가 알아차
린다는 걸 안다. 그러므로 화자의 참을성은 문제이고 병
을 키우는 기제로 작용한다. 화자가 수혈받기를 거부하는
것은 "어느 색을 감춘 피인지" 모르기 때문이다. 하지만,
시각적으로 확인되는 "변기 속이 검은" 것은 위험 신호이
다. 수혈받지 않으면 죽는다는 위험 상황을 뇌로 전달한
다. 화자는 살기 위해 "침상에 누워 수혈을" 받는다. 이처
럼 몸의 이상은 감각으로 우리에게 감지되어 자신을 들여
다보게 한다. 우리는 외부의 물리적 자극뿐만 아니라 내
부의 이상까지도 대뇌로 전달하는 능력인 감각을 갖고 있
다. 이러한 감각은 세계와 몸에 대한 격렬한 경험을 제공
한다. 우리는 감각으로 "흰 길을 수혈받았어요"처럼 나와

타자를 연결하고 "창백한 길을 가다 보면 창백한 사람이 보이고 창백한 사랑"을 만나는 것과 같이 나와 세계를 연결한다. 창백은 결핍의 시니피앙인 동시에 채움을 갈망하는 시니피에이다.

나보고 키우기 박사래요 화분에 상추를 잘도 키워요 버려진 양란을 주워 와 꽃을 피웠어요 화분 속 지렁이가 마루까지 기어 나온 날 키우기 여신 데메테르의 후예가 되었지만

몸 안에 땅콩밭을 만들었다니 말이 되냐고요 온 데가 땅콩이라 의사들도 손들었잖아요 몰랐어요 아무 느낌 없이 자라고 있었으니까 갑자기 날씬해져 부러움을 살 때도 있었죠

시간이 없다네요 친구들과 해외여행 예약한 것은 괜찮아요 여행은 천국으로, 의사는 말하네요 몽땅 캐내 싹 말릴 수 없다고, 한꺼번에 뽑을 수가 없다고, 어떡해요 땅콩이 줄기줄기 뻗었다니 전문용어로 전이라고 하네요

　　　　　　　　　　　　　　　　　　− 「마지막 병동」 부분

개인에게 일어난 큰 사건을 화자는 "나보고 키우기 박

사래요"처럼 능청스럽게 에둘러 말한다. 도대체 어떤 것을 키우는 박사일까? 시적 화자의 진술은 호기심을 불러일으키며 전개된다. 키우기 박사라는 별명을 증명하는 근거는 "화분에 상추를" 키우거나 "버려진 양란을 주워 와 꽃을" 피운 일들이다. 충분히 설득력이 있는 주장이다. 하지만, 화자의 "몸 안에 땅콩밭을 만들었다니 말이" 되느냐는 진술에서 반전이 일어난다. 주변에 버려진 생명을 살리는 데는 박사였지만, 정작 몸 안에 땅콩밭을 만들어 자신을 죽이고 있었다. 화자는 몸에 나타난 변화를 감각적으로 인지했다. 그러나 은폐돼 있었던 통증이라는 감각을 인지하지 못했다. 아무 느낌도 없이 병은 자라났고, 몸속에서 세력을 확장해 갔다. 의사는 다급해졌고, 화자는 현실적 감각이 상실돼 있다. 이제 해외여행은 해외가 아니라 삶 밖의 천국이 될 위기에 직면했다. 감각은 상추와 양란과 땅콩밭을 통과한다. 또한 감각은 드러냄과 은폐의 양면성으로 우리 삶의 영역 속에서 존재를 확실히 나타낸다.

스노우볼 새우가 죽었다
배를 뒤집고 긴 다리들도 움직이지 않는다

스노우볼은 내장까지 들이비쳐 숨기는 게 없다
속이 안 보이면 투명한 삶이 끝난 것이다

〈

살아날까 싶어 컵에 넣고 새 물을 부어주었다
하루가 지나도 속이 비치지 않아 화분에 묻어 주었다

새우 하나를 묻었는데 꽃의 색이 옅어진다
사랑이 떠날 때는 작은 것도 자국을 남긴다

새우 더듬이가 그어 가슴에 가느다란 틈이 벌어졌다
당신 기억 속에 가라앉은 나도 죽은 거다
줄무늬 셔츠도 짙은 선글라스도 사라진 날
흰 줄무늬 크리스털화이트 새우만 살아 있는 날

　　　　　　　　　　　　　　　　－「스노우볼 새우」 부분

　화자는 감각을 통해 "스노우볼 새우가 죽었다"는 것을
깨닫는다. 감각은 허구적인 것이 아니므로 새우가 "배를
뒤집고 긴 다리들도 움직이지 않는" 강렬한 사실성만 확
인하게 만든다. 사실성의 확인으로 촉발한 감각은 "속이
안 보이면 투명한 삶이 끝난 것이다"와 같이 판단의 영역
으로 확장된다. 감각은 분할돼 있지만, 역동적으로 연결돼
있기도 하다. 감각은 신체의 각 부위에 따라 다르게 작동
되다가 하나의 귀결점으로 모인다. 따라서 감각은 사유를
발화 지점으로 삼아 관찰하고 판단한다. 화자는 감각의

끊임없는 유기적 움직임으로 "살아날까 싶어 컵에 넣고 새 물을" 주는 행동을 하기에 이른다. 죽음 앞에 화자는 과도한 행동을 하고, 감각의 파동은 길게 이어진다. 화자는 새우의 죽음을 통해 사랑했던 연인을 떠올린다. 새우의 죽음은 화자의 신체에 힘을 가한다. 그리고 길고 구체적인 사유의 파장이 일어난다. 결국 화자는 "당신 기억 속에 가라앉은 나도 죽은 거다"라는 사실에 도달한다. 새우의 죽음을 나와 너의 관계로 확장한 것이다.

우리는 감각으로 서로에게 힘을 가한다. 수혈이란 힘을 가하는 감각을 통해 서로에게 영향을 주는 행위이다. 따라서 수혈하는 시간은 이미지적인 게 아니라 삶의 실존이며 사실적인 것이 된다. 수혈할 때의 감각은 신체와 신체와의 강렬한 호혜적 체험이다.

3. 분별하는 순간들

감각은 각기 다른 모습으로 서로 맞닿거나 엇갈림으로써 분별하는 순간을 만든다. 우리가 보고 느끼고 판단하는 분별은 감각의 작용 때문이다. 백지상태로 의미가 없었던 사물도 감각이 촉발하면 주체의 감정이 개입되고 분별이 생긴다. 세상에 던져진 사물들은 그 자체로 존재하는 것들이다. 우리는 칸트가 주로 사용한 용어인 '물자체'처럼 사물의 본질은 알 수 없지만, 감각으로 그 존재가 있음을 깨닫는다. 그리고 특별한 감각에 의해 감정이 생겨나고 분별이 개입된다. 우리의 감각은 진화 과정에서 생존에 유리하게 발달했다. 사물은 생존에 유리하면 긍정적으로 보이고, 생존에 불리하면 부정적으로 보인다. 따라서 사물은 감각으로 확인되고, 분별하는 힘으로 판단된다. 감각은 일차적으로 사물이 가지고 있는 이미지들을 경험하게 한다. 그 후 우리는 분별의 능력으로 사물의 의미를 알아낸다. 이렇게 타자인 사물과의 관계를 설정한다. 또한 사물에 대한 초두효과는 과거의 기억이 반영돼 있다. 그러므로 타자와의 관계 맺기는 분별의 순간에 온다.

분별한다는 것은 무의식 속에 존재하는 과거의 경험을 꺼내는 일이다. 그것은 우리가 경험한 기억의 축적으로 현재를 판단하는 힘으로 작용한다.

나는 새를 분별하는 사람
가방을 던지고 앵무새를 꺼내 횃대에 올려요

해바라기 씨앗 껍질을 벗겨서 먹어요
우린 피 대신 씨를 먹어요
우리 양식은 씨앗이죠, 모래죠

137

괜찮아, 괜찮아 소금 맛 모래를 먹으며 앵무새가 말해
요

···중략···

방문을 열고 앵무새를 날려도
초록 깃은 죄를 가려주지 않아요 죄 사함은 없어요
붉은 죄를 내밀었으니 붉은 피를 내놓으라지만
초록 앵무새는 붉은 피가 없어요

나는 죄를 분별하는 사람
횃대를 치우며 괜찮다는 앵무새를 가둬요
피가 엉기지 않는 곳을 그리며 껍질을 뱉어요
내 편 없이 캄캄한 방에 죄를 쌓아요

　　　　　　　　　− 「초록색 앵무새가 사는 방」 부분

의자에 앉아요 당신은 이 의자에 처음 앉은 사람 두 손
길게 내밀지 말고요

손은 슬픔을 채집하는 그물이니까요 물고기처럼 어둠에
걸리는 손으로 우리 사이에 화분을 놓는 당신
〈

의자에서 재스민 향이 나요 당신이 의자에 걸렸으니까요
내가 따서 당신을 병에 담았으니까요

당신 옆구리에는 톱날이 숨어 있어요 벼락 치는 밤의 절
벽처럼 당신 옆구리는 깜깜하고 번쩍거려요

내가 절벽을 끝까지 올라가지 못한 이유죠 벼락 치는
밤이 화분보다 더 많이 깨져서 마침내 우리는 물이 되었어
요

                       – 「의자와 그네」 부분

「초록색 앵무새가 사는 방」의 시적 화자는 "나는 새를
분별하는 사람"이라고 확신에 차 말한다. 서로 다른 사물
을 종류에 따라 나누는 능력은 나와 너를 나누는 행위를
가능하게 한다. 따라서 화자가 "앵무새를 꺼내 횃대에"
올리는 행위는 정당하다. 앵무새가 있어야 할 장소성을
알고, 횃대에 올리는 행위는 분별 능력이다. 종류에 따라
나누는 행위는 "해바라기 씨앗 껍질을 벗겨서" 먹는 것으
로 확장된다. 그리고 화자는 "우린 피 대신 씨를 먹어요"
와 같은 의미심장한 말을 한다. 피는 살상 행위로 생존하
는 포식자의 잔인성이다. 이러한 행위가 자신에게는 없다
는 고백이다. 피보다는 씨앗을 먹는 행위는 아름답다. 나

와 네가 공존하는 방식이기 때문이다. 화자의 진술은 생존에 대한 끊임없는 반성이고 성찰이다. 이 때문에 화자의 "방문을 열고 앵무새를" 날리는 행위가 가능해진다. 이런 행위가 가능한 것은 앵무새를 자연의 공간으로 보내면, 자연의 시간이 보장될 것이라는 믿음 때문이다. 기르던 앵무새에게 자유를 주는 것은 관습에 대한 저항이다. 화자는 사물을 분별하는 힘으로 죄를 분별하는 자기 능력을 발견한다. 그리고 풀어주었던 앵무새를 또다시 가둔다. 염민숙 시인은 화자의 진술을 통해 죄를 분별하고 죄를 쌓는 행위를 거듭하는 게 삶의 과정이라고 믿는다. 그러므로 니체의 개념을 빌려 말하면 우리는 죄 쌓는 일을 영원회귀, 즉 무한 반복할 수밖에 없다.

「의자와 그네」의 화자는 분별하는 순간을 더욱더 확장한다. 분별은 단순하게 사물의 종류를 나누는 데 그치지 않고, 삶의 상태까지 파악하는 힘이 된다. 삶이 어려울 때는 휴식이 필요하다. 현대인들은 이상을 갈망하나 그것은 머릿속의 유토피아라는 걸 안다. 자본주의라는 거대한 배로 항해하는 우리는 출구가 없다는 걸 일찍이 깨달았다. 그러니 계속해서 항해할 수밖에 없다. 시적 화자는 출구가 없으니 잠시 "의자에 앉아요 당신은 이 의자에 처음 앉은 사람"이라고 다독이는 자세를 취한다. 노동으로 쉴 새가 없는 "손은 슬픔을 채집하는 그물"이라고 진술한다.

손이 갖는 상징적 기표가 '슬픔'으로 끊임없이 확장된다. 또한 '채집'이라는 기의가 생존 본능을 고통스럽게 건드리고 있다. 출구가 없는 줄 알면서 우리는 "화분을 놓는 당신"을 하염없이 바라본다. 그네를 타면 해변도 보이고 절벽도 보인다. 절벽 너머의 해변은 동경이고 판타지이다. 이곳이 아닌 저곳은 우리가 가야 할 길을 환하게 비추는 유토피아적 환영이다. 그런데 우리가 탄 그네가 기울어져 있다. 기울어진 그네를 인식하는 우리는 쓸쓸하고 우울하다. 하지만, 화자는 "의자에서 재스민 향이 나요"라고 은밀한 어조로 진술한다. 재스민 향의 발원지를 '당신'에게서 찾는다. 재스민 향은 출구이며 한 줄기 빛이다. 이처럼 염민숙 시인이 우리와 소통하는 방식이 심오한 감각을 드러내어 아름답다.

숨기려고 단 간판이 있다 입구를 알리지 않으려는 간판이다 희미한 문은 영화 속으로 들어가는 입구다 방마다 다른 영화가 상영된다

카페를 드나드는 사람에게 밤낮은 그저 깜박이는 점멸 신호일 뿐이다 포구 앞 갈매기들은 한밤에도 잠들지 못하고 울고 다닌다 지하 계단을 내려가면 빔프로젝터 불빛에 머리를 맞대고 앉은 검은 실루엣이 보인다

〈

　어린 아들을 두고 나온 여자와 어린 아내를 두고 나온
남자가 서로 깃을 골라주며 체취에 빠져 있다

　시공간은 주머니에 들어간 토끼처럼 사라지기도 한다 영
화만 생각하는 사람들이 영화 속 주인공이 되면 지갑을 버
리고 마법의 지팡이를 휘두를 뿐이다 지린내와 음식 내가
우주 쓰레기로 카페 안을 채워도 아랑곳하지 않는다
– 「윈드아이 카페」 부분

　위 시의 화자는 "숨기려고 단 간판이 있다"고 진술하여
은폐를 당연시한다. 화자는 "입구를 알리지 않으려는 간
판"을 보며 "희미한 문은 영화 속으로 들어가는 입구다"
라고 확신한다. 그리고 이어서 "방마다 다른 영화가 상영
된다"고 진술한다. 이러한 확신은 현대사회를 사는 현대
인의 특징을 알았기 때문에 가능하다. '다른 영화'는 고립
과 파편화를 상징한다. 이를 통해 현대인은 공동체적 가
치로 행동하는 존재가 아니며, 사회로부터 각자 자신의
장소에 스스로 고립하는 존재임을 알 수 있다. 화자가 바
라보는 "포구 앞 갈매기들은 한밤에도 잠들지 못하고 울
고" 다닌다. 갈매기는 무출구성을 인지한 절망의 표상이
다. 화자의 감정이 투사된 곳에 현대인의 현실이 그대로

142

투영돼 있다. 현대인은 파편화되고 익명화되어 무출구성의 악몽을 꾸는 중이다. 이런 시각에서 보면 "어린 아들을 두고 나온 여자와 어린 아내를 두고 나온 남자"는 결핍의 존재들이다. 시 속의 공간에서 결핍은 끊임없이 증식을 거듭한다. 이 모든 결핍이 낳은 상처는 파편화되어 타자의 주위를 공전한다. 가끔은 "서로 깃을 골라주며 체취에 빠져" 악몽을 잊으려 한다. 자본의 화려함이 폭죽처럼 터지지만, 폭죽이 사라지는 순간 우리의 우울은 깊어진다.

　성찰의 끝이 그렇듯, 분별하는 순간들은 상처가 선명하게 드러나 멜랑콜리하다. 이 순간은 나와 너의 거리 두기이며, 나의 사회적 위치 확인이다. 고립된 존재의 확인은 사회의 중심으로 환원되지 못한 파편화의 멜랑콜리로 나타난다.

　4. 증식의 바깥

　염민숙의 감각은 질 들뢰즈가 『감각의 논리』에 "구상 밖에서 형상들이 솟아날 수 있도록 하였다"고 밝힌 것처럼 세계와 자신 사이에서 끊임없이 증식한다. 감각은 시니피앙으로 의미를 넓히다가 시니피에로 깊이를 더한다. 증식하는 감각은 안과 밖을 이어주는 소통인 동시에 고립되어 파편화된다. 우리가 직면한 현실은 경험과 비경험을 통합한다. 실재라고 믿었던 것들이 감각 밖으로 튕겨 나간다. 시인이 감각으로 포착한 시니피앙은 정확하지 않다. 왜냐하면 기표는 동일하지만, 기의 즉 시니피에는 시간 속에서 의미가 달라지기 때문이다. 이와 같은 이유로 감각의 증식은 필요하다. 표피적 감각이 아닌 심층적이고 다양한 감각이 증식돼야 한다. 감각은 힘과 힘이 만날 때 파장을 일으킨다. 시각과 촉각이 섞이고, 후각과 미각이 섞일 때 역동적인 긴장이 발생한다. 또한 청각과 시각이 섞이며 시적인 논리를 뒤튼다. 이 지점에서 우리는 감각이 하나의 심오한 세계를 만든다는 사실을 깨닫는다. 시적 진실을 찾아가는 길에 감각은 힘의 압력으로 증식을 거듭한다.

시는 말할 수 없는 것을 말할 때, 새로운 세계를 창조할 수 있다. 우리는 감각으로 타인에게 다가가지만, 감각으로 고립을 선택하기도 한다. 염민숙의 시에서 이 미세한 힘의 충돌과 뒤틀림의 세계는 삶을 이해하기 위한 표현으로 나타난다.

너는 없는 집에 살지

홀로 너의 세계 속에서 너만 헤아리지 밤새도록 너 자신

만을 바라보는 눈

〈

너의 초상화는 잡을수록 커지는 회오리

곧 사라지지, 없는 바람

짧은 슬픔 긴 슬픔이 손에 손잡고 너는 그것이 무언지

도 모른 채 오늘도 집에 갇혀서 울어

없는 집에는 형제 대신 부모들이 부모 대신 아내들이 아

내 대신

너는 도대체 아버지가 몇이야?

그런 말은 아침마다 붉은 입술로 식탁에 앉아 밤의 어

둠을 되감고

아버지들은 밤마다 반바지만 입은 채 담배 연기처럼 어

둠을 풀어내고

　　　　　　　　　　　　　　－ 「증식하는 집」 부분

　화자는 "너는 없는 집에 살지"라고 가정한다. 그리고
"홀로 너의 세계 속에서 너만" 헤아리고, "밤새도록 너 자
신만을" 바라본다고 진술한다. 그렇다면 '증식하는 집'
의 화자는 사회 내부로 입장하지 못한 존재임이 분명하
다. 소수의 기득권층을 제외한 현대인은 내부로 가는 길
을 모른다. 출구는 닫혀 있고, 꿈꾸었던 소망은 허공으로
흩어진다. 따라서 화자가 단언한 "너의 초상화는 잡을수

록 커지는 회오리"는 정당성을 확보한다. 내부로 진입할 수 없으므로 끝없이 밖으로 나가 날아갈 수밖에 없다. 밖으로 나가도 길을 찾을 수 없다. 다만, 끊임없이 파편화되어 떠도는 자들이 있다. 사회 내부의 존재들과는 달리 허공에 떠도는 존재들은 자기를 닮은 자들을 수없이 만난다. 내부로 진입하지도 못하고 결속력도 없는 사람들은 너무 가벼운 존재들이다. 사회로부터 파편화되고 떨어져 "짧은 슬픔 긴 슬픔이 손에" 손잡는 행위만 거듭한다. 행위의 의미도 모르면서 지쳐서 울다가 없는 자기 집에 갇히는 존재이다. '없다'는 결핍이다. 화자는 없는 집에 살고, 없는 부모와 형제를 찾는다. 그리고 사회에 던져진 존재의 혼란을 느끼며 무출구성인 아포리아 앞에 서 있다.

염민숙 시인의 감각은 끊임없이 증식하는 중이다. 감각은 자아와 타자 사이를 지나 부조리의 세계를 확인하기까지 증식을 거듭한다. 감각은 타자에 다가갈 때마다 여러 사물을 관통한다. 시인은 그렇게 증식된 감각으로 현상 안쪽을 살피는 데 성공한다. 그러므로 염민숙 시인은 자아에서 타자로, 그 너머의 세계로 시적 진술을 끊임없이 펼쳐낼 수 있게 되었다. 또한 사물을 해체하고 다시 조립하며 다양한 형태로 만든다. 이 과정에서 감각은 시니피앙적 층리를 통과하여 시니피에적 의미의 층리로 스며든다.

상상인 기획시선 9

밤은 너무 많거나
너무 적어

지은이 염민숙

초판인쇄 2025년 11월 19일 **초판발행** 2025년 11월 24일

펴낸곳 도서출판 상상인 **편집주간** 황정산 **펴낸이** 진혜진

표지디자인 최혜원 **기획·마케팅** 전은빈 최유림 노혜림 정현수

책임교정 오 늘 **편집** 세종PNP

등록번호 제572-96-00959호 **등록일자** 2019년 6월 25일

주소 06621 서울시 서초구 서초대로74길 29, 904호

전화번호 02-747-1367, 010-7371-1871

팩스 02-747-1877 **전자우편** ssaangin@hanmail.net

ISBN   979-11-7490-028-9 (03810)

값 12,000원